DEN BEDSTE HJEMMELAGEDE GUMMY SLIK-KOGEBOG

100 farverige, sjove og super velsmagende opskrifter til nemt at lave derhjemme

Victoria Bergqvist

© COPYRIGHT 2022 ALLE RETTIGHEDER FORBEHOLDES

Dette dokument er rettet mod at give nøjagtige og pålidelige oplysninger om det emne og problem, der er dækket. Publikationen sælges med den tanke, at forlaget ikke er forpligtet til at udføre regnskabsmæssige, officielt tilladte eller på anden måde kvalificerede tjenester. Hvis rådgivning er nødvendig, juridisk eller professionel, bør en praktiseret person i erhvervet bestilles.

Det er på ingen måde lovligt at reproducere, duplikere eller transmittere nogen del af dette dokument i hverken elektroniske midler eller trykt format. Optagelse af denne publikation er strengt forbudt, og enhver opbevaring af dette dokument er ikke tilladt, medmindre der er skriftlig tilladelse fra udgiveren. Alle rettigheder forbeholdes.

Advarsel Ansvarsfraskrivelse, oplysningerne i denne bog er sande og fuldstændige efter vores bedste viden. Alle anbefalinger er lavet uden garanti fra forfatterens eller historieudgivelsens side. Forfatteren og udgiveren fraskriver sig og hæfter i forbindelse med brugen af disse oplysninger

Indholdsfortegnelse

INTRODUKTION 9

SLIKOPSKRIFTER 10

1. Banankikskugler 10
2. Kiksekugle uden bagning 12
3. Rå slik med datoer 13
4. Vegansk slik med dadler og cashewnødder ... 15
5. Chokoladekugler med kiks 17
6. Hjemmelavet slik med kiks 19
7. Sunde slik med dadler og valnødder 20
8. Hjemmelavet Ferrero slik 22
9. Småkagekugler med kokos 24
10. Chokoladebolcher med datoer 26
11. Proteinkugler med jordnøddesmør 27
12. Rå slik med banan og dadler 28
13. Magre bomber med dadler og valnødder 30
14. Kiksbolsjer med kondenseret mælk 32

15. Rå slik med dadler og appelsin 34
16. Kiks slik 35
17. Kiksekugler 36
18. Kyllingekiks 38
19. Keto-trøfler med avocado og chokolade 40
20. Kugler med dadler og blåbær 42
BØRNESLIK 43
21. Nutella kiks slik 43
22. Hjemmelavede gelébolsjer til børn 45
23. Småkager med chokolade, valnødder og kokos 47
24. Nemme gelébolsjer fra kompot 49
25. Chokoladekugler med gulerødder 51
26. Gelébolsjer lavet af druesaft 53
27. Kiksekugler med kondenseret mælk og chokolade 55
28. Honning- og sesambolsjer 57
29. Hjemmelavede chokolade slikkepinde 58
30. Chokoladekirsebær 60
31. Jelly Strawberry Muffins 62
32. Græskarslik 65

33. Kiksdråber og slikkepinde 67
34. Kiksekugler med kanel 69
35. Chokoladekugler med hytteost og valnødder 71
36. Jordbærgeleslik 73
37. Banankarameller med chokolade 75
38. Russisk hytteost slik 76
39. Nyttige kokosbomber 78
40. Slik 80

SUND SLIK 81

41. Sund chokolade 81
42. Chokolade mandelfest 83
43. Hjemmelavet sundt slik med kastanjer 85
44. Sund slik med dadler og valnødder 87
45. Kakaoproteinkugler 89
46. Kokosproteinkugler 90
47. Simple proteindråber 91
48. Slik energi 93
49. Proteinslik med dadler 95
50. Proteinslik med hytteost og udtørret kokos 97

51. Mandelbolsjer knaser 99
52. Hvid chokolade og mandelbolcher 100
53. Chokolade med fyld 102
54. Chokoladebolcher med dadler 104
55. Græskar slik kyllinger 105
56. Chokolader med mandelsmag 107
57. Rå jordnøddebolcher med hytteost 109
58. Hjemmelavet slik med tre ingredienser 111
59. Lækkert sukkerfri slik 113
60. Rå dadler og bananslik 115

PROTEIN SLIK .... Error! Bookmark not defined.

61. Kakaoproteinkugler 117
62. Kokosproteinkugler 118
63. Mandelproteinkugler 119
64. Kokosproteinkugler 120
65. Simple proteindråber 121
66. Nem proteinslik 123
67. Proteinslik med dadler 125
68. Proteinslik med havregryn 127
69. Hjemmelavet proteinslik med nødder 129
70. Kokos- og bananprotein slik 131

RÅ SLIK 133
71. Rå slik til diabetikere 133
72. Rå slik med banan og dadler 135
73. Rå slik med bananer og dadler 137
74. Rå frugtslik 138
75. Rå søde kugler med kokosolie og nødder ... 140
76. Rå jordnøddebolsjer med hytteost 142
77. Festlige rå veganske trøfler 143
78. Rå dadler og bananslik 145
79. Råenergi slik med tahini 146
80. Rå slik med dadler og sesam tahin 148
81. Hjemmelavet daddelslik og rånødder 150
82. Rå chokolade med kokossmør 152
83. Rå slik med tørrede pærer og kanel 154
84. Rå gulerodsbolsjer 155
85. Rå vegansk slik med hørfrø 156
86. Rå chokoladekugler med nødder og dadler 158
87. Rå kakaoslik 159
88. Rå chokolade 161
89. Rå vegansk slik 163
90. Rå vegansk slik med gojibær 165

7

91. Rå chokolader med kokos og sesamfrø 167
SLIK UDEN SUKKER 169
92. Vegansk slik med dadler og grød 169
93. Hjemmelavet sundt slik med kastanjer 171
94. Chokolademandelfest 173
95. Rå slik til diabetikere 175
96. Chokolade kokoskugler 177
97. Chokoladebolsjer med jordnødder 179
98. Chokoladetrøffel med romsmag 181
99. Orange slik med kokos 183
100. Chokolade donuts med probiotiske perler
.... 184
KONKLUSION 186

INTRODUKTION

Hvem siger, at du skal vente til ferien med at lave eller spise dit yndlingsslik? Jeg er ikke sikker på dig, men det virker som lang tid at vente på noget, du ser frem til. Så hvorfor vente? Og hvad så? Lav slikopskrifter, når du vil.

Et andet godt tidspunkt at lave slik er omkring Valentinsdag. I stedet for at gå ud og købe en æske chokolade. Lav nogle chokoladeovertrukne jordnøddesmørkugler og brug hvide papirservietter og røde hjerter til at dekorere en almindelig brun eller hvid æske. For at afslutte skal du binde det med raffia eller rødt bånd. Det er langt mere specielt og meningsfuldt for mig end at gå ud og købe en kasse, fordi de selv har skabt den. Hvilken vidunderlig gave at modtage fra en elsket én!!!

Du kan lave ferieminder med dine børn, når du vil. Hvis du har en speciel tid, som du vil tilbringe med dem i ferien, så sørg for at fortsætte denne tradition. Det vil altid være en særlig tid for jer to at huske!

SLIK OPSKRIFTER

1. Banankikskugler

Nødvendige produkter

- kiks - 600 g
- bananer - 4 stk.
- pulveriseret sukker - 100 g
- chokoladestænger
- kokosspåner
- hvid chokolade - valgfrit

Forberedelse

1. Bananerne moses godt. Kiksene (jeg bruger personligt to pakker vanilje og to pakker

kakao) males godt i en blender og tilsættes de mosede bananer. Pulversukker tilsættes også. Bland blandingen godt og ælt (som dej).
2. Form kugler på størrelse med en valnød og rul dem til farvede stænger, chokoladebarer, stødt hvid chokolade, jordnøddekroketter, kokos – efter eget valg.
3. De bliver meget imponerende, hvis de er pyntet med sukkerhjerter. Dejen er klistret og vil klæbe godt.
4. De formede kugler efterlades i køleskabet for at stivne.

2. Kiksekugle uden bagning

Nødvendige produkter

- Småkager-Te 300g
- Kakao - 2 spsk.
- Honning - 1 spsk.
- Sukker - 2 spsk.
- Vand - 1/2 tsk.
- Nødder - 1 tsk. Knust

Fremstillingsmetode

1. Tilsæt sukker, kakao og honning til vandet, tilsæt godt hakkede kiks og bland godt.
2. Form dejen til små bolsjer og rul med malede valnødder eller eventuelt tørret kokos.
3. Afkøl i 1-2 timer.

3. Rå slik med dadler

Nødvendige produkter

- Valnødder - 100 g
- hasselnødder - 50 g
- Dadler - en håndfuld (ca. 15 enheder)
- Honning - 2 spsk.
- Kokos - til at rulle
- Kakao - blandet med lidt kanel (til at rulle)

Fremgangsmåde

1. Mos valnødderne sammen med hasselnødderne i en foodprocessor eller blender. Det er vigtigt at sikre, at de ikke bliver knust for fint, da det gør det svært at forme kuglerne.

2. Vi tager valnødderne ud i en skål. Derefter sliber vi dadlerne, hvorfra vi tidligere har fjernet stenene. Tilsæt honningen og slå robotten igen. Vi tilføjer valnødder.
3. Du kan også ælte dem i hånden, indtil du får en blanding, som vi former til kugler. Bland kokos- eller kakaospåner i med lidt kanel og ovaliser.
4. Slik er lækkert og meget sundt.

4. Vegansk slik med dadler og cashewnødder

Nødvendige produkter

- Dadler - 150 g, kan lægges i blød i varmt vand
- Grød - 50 g, stærk
- Mandler - 50 g, rå
- Carob mel - 4 spsk.
- Kokosolie - 4 spsk.
- Stevia - efter smag, måske uden
- Udtørret kokosnød - 2 spsk.
- Udtørret kokosnød - 4 spsk. at rulle

Fremgangsmåde

1. I en foodprocessor maler du først nødderne og tilsætter derefter de øvrige ingredienser - dadler, smør, savsmuld, johannesbrødmel.
2. Stevia kan tilsættes hvis det ønskes.
3. Massen er tyk og klistret, der dannes kugler, de veganske bolsjer rulles i udtørret kokos.
4. Vend tilbage til køleskabet for at sætte sig.
5. Veganske slik med dadler og cashewnødder er virkelig lækre.

5. Chokoladekugler med kiks

Nødvendige produkter

- kiks - 300 g
- nødder - 100 g
- olie - 100 g
- kakao - 4 pl
- chokolade - 100 gram
- frisk mælk - 150 ml
- vanilje - 1/2 pakke
- kokosspåner - 40 g

Fremgangsmåde

1. Tag en lille gryde og hæld mælken ved. Sæt det på komfuret, og når det bliver varmt,

tilsæt smør og kakao og rør det godt sammen.
2. Knæk derefter chokoladen og tilsæt den og rør til den er helt opløst. Når chokoladen er opløst godt, lad blandingen køle af.
3. Tag kiksene og bræk dem i meget små stykker og kom dem i chokoladeblandingen. Tilsæt de knuste valnødder og vanilje til blandingen.
4. Bland det godt sammen og begynd at danne kugler, som du ruller i kokosspånerne og anretter på en tallerken eller bakke og lader dem stivne i køleskabet.

6. Hjemmelavet slik med kiks

Nødvendige produkter

- kiks - 1 pakke Everest med kakao/mælk,
- chokolade - 1 brun med nødder / hvid med kokos,
- frisk mælk - 300 - 350 ml.
- smør

Fremgangsmåde

1. Knus kagerne godt. Smelt chokoladen (sort med nødder eller hvid med kokos) i vandbad med lidt smør. Tilsæt derefter ca. 150 ml. mælk.
2. Tilsæt blandingen til kiksene, bland godt, form kugler og rul dem i kakao/kokos.
3. De skal holde sig i køleskabet i mindst 2 timer.

7. Sunde slik med dadler og valnødder

Nødvendige produkter

- Dadler - 1 æske naturel
- Valnødder - 500 g knækkede
- Citronskal
- appelsinskræl
- Kakao - 1 spsk selvfølgelig
- Tørret kokosnød - 150 g

Fremgangsmåde

1. Naturlige dadler renses for sten og hældes i foodprocessoren. Tilsæt de knækkede valnødder. Slib til en homogen blanding.

2. Den resulterende blanding opdeles i fem lige store dele og anbringes i skåle. Citronskal i en rist.
3. Rør i hånden for at blande citronskal. Kom appelsinskallen i den anden skål.
4. I den tredje blanding tilsættes kakao, i den fjerde en teskefuld udtørret kokos og den sidste står uden noget - selvfølgelig. Alle blandinger omrøres for at fordele de tilsatte produkter.
5. Tag noget af den resulterende blanding og form kugler.
6. Hvert slik er rullet i udtørret kokosnød.
7. Sunde slik med dadler og valnødder er klar.

8. Hjemmelavet Ferrero slik

Nødvendige produkter

- vafler - 300 g med hasselnøddefyld
- hasselnødder - 1,5 tsk. fint hakket
- flydende chokolade - 1,5 tsk. Nutella

TIL RULLING

- hasselnødder - 1,5 tsk. fint hakket
- mørk chokolade - 200 g
- olie - 1 tsk.

Fremgangsmåde

1. Knus vaflerne og tilsæt hasselnødder og nutella. Rør godt rundt og lad blandingen stå i køleskabet i mindst 30 minutter.
2. Fra blandingen dannes kugler så små som en valnød. Lad dem stå i køleskabet i 30 minutter.
3. Smelt chokoladen i en skål. Tilsæt hasselnødder og olie. Rør grundigt.
4. Tag kuglerne ud af køleskabet og dyp hver i chokolade-hasselnøddeblandingen.
5. Læg dem på en bageplade beklædt med bagepapir. Lad dem stå i køleskabet for at stivne, og arranger dem derefter i papirkapsler.

9. Småkagekugler med kokos

Nødvendige produkter

- Småkager - 400 g normalt
- Nødder - 1 tsk. / let bagt og malet /
- Pulver Zakhar - 1/2 lm
- brun farin - 1/2 tsk.
- Olie - 125 g
- frisk mælk - 150-180 ml
- Kakao - 2 spsk.
- Vanilje - 2 poser
- Tørret kokosnød - 50 g

Fremgangsmåde

1. Smelt smørret ved svag varme og tilsæt mælken. Lad køle af. Småkagerne males i en blender.
2. Der er også malede valnødder, pulveriseret sukker, brun farin, vanilje og kakao. Vil blive blandet.
3. Tilsæt mælk og smør og rør igen, indtil der er dannet en tyk, klistret dej.
4. Stil svampekagen i køleskabet i cirka 15 minutter for at sætte sig.
5. Er formede slik, der er rullet i kokos. De holder sig i køleskabet i cirka en time.
6. Kokos kiksekuglerne er klar.

10. Chokoladebolsjer med dadler

Nødvendige produkter

- dadler - 55 g
- chokolade - 55 g
- protein - 1 dåse (25 g; eller kakao + sødemiddel)
- hasselnøddeolie - 25 g (anden olie eller tahin)

Fremgangsmåde

1. Blend først dadlerne i en blender (tilsæt evt. lidt vand).
2. Hæld dem i en skål.
3. Smelt chokoladen i vandbad og tilsæt det til dadlerne sammen med de øvrige produkter.
4. Bland godt, indtil du får en homogen blanding, som du danner rå bolsjer af med hænderne.

5. Sæt chokoladebolsjer med dadler i køleskabet i cirka 1 time for at stivne.

11. Proteinkugler med jordnøddesmør

Nødvendige produkter

- Protein - 2 spsk. til støv
- Havregryn - 1 tsk. / eller havregryn /
- Jordnøddesmør - 125 g
- Vand - 3 spsk. / eller mandelmælk / kokosmælk /

Fremgangsmåde

1. Kom alle ingredienser til proteinslik i en blender og purér i cirka 1 minut, indtil det er klistret.

2. Form proteinkuglerne i hånden med peanutbutter.
3. Server i en smuk bakke når som helst på dagen.

12. Rå slik med banan og dadler

Nødvendige produkter

- Bananer - 1 stk.
- Havregryn - 1 tsk.
- Datoer - 7 - 8
- Kokosolie - 1 spsk.
- fra hornene - 2 tsk
- Kanel - 1 tsk.
- Udtørret kokosnød

Fremgangsmåde

1. Bland og purér alle produkterne i en blender.
2. Form kugler og rul dem i udtørret kokos.
3. Lad slikene stå i køleskabet i et par timer for at sætte sig.
4. Rå banan- og daddelslik er klar.

13. Magre bomber med dadler og valnødder

Nødvendige produkter

- dadler - 170 g
- nødder - 120 g
- kakao - 35 g
- kokosolie - 2 tsk.
- kokosnød - 50 g
- horn - 10 g

Fremgangsmåde

1. Skræl dadlerne og fjern stenen. Kan du ikke skrælle dem, kan du springe dette trin over, for mig er det bedre, når de er pillet.
2. Kom dadlerne i en blender, tilsæt valnødder, kakao, lidt kokosolie, halvdelen af

kokosnødden (den anden halvdel lader vi rulle dem) og johannesbrødmel. Blend indtil alle ingredienser er kombineret.
3. Tag med våde hænder noget af blandingen og form den til søde slik, og rul dem derefter i lidt kokos.
4. Anret dem på en bakke eller tallerken.
5. Lad køle af i køleskabet.
6. Efter en time er de magre bomber med dadler og valnødder klar til at spise.

14. Kiks slik med kondenseret mælk

Nødvendige produkter

- te-kiks - 1 pakke rundt
- smør - 1/2 pose, blød
- kondenseret mælk - ca. 1/2 dåse, karamel (valgfrit)
- valnødder - ca 150 g malet

Til rullende

- valnødder - malet
- kakaopulver
- kokosspåner

Fremgangsmåde

1. Kværn kiksene og kom dem i en skål, tilsæt valnødder og blødt smør, tilsæt mælken lidt efter lidt og bland til en blød dej.
2. Stil på køl i cirka 10 minutter for at køle lidt af.
3. Form bolsjer på størrelse med valnød og rul dem til malede valnødder, kakao, chokoladebarer eller kokosnød.
4. Kiks med kondenseret mælk er klar.

15. Rå slik med dadler og appelsin

Nødvendige produkter

- Dadler - 1 tsk.
- Havregryn - 1 tsk.
- Appelsinjuice - fra 1/2 appelsin
- Kokosolie - 2 tsk.
- Udtørret kokosnød
- Valnødder

Fremgangsmåde

1. Bland alle produkter. Form til kugler og rul i tørret kokos.
2. Top med en valnød eller anden nød og stil i køleskabet i cirka en time, så slik stivner.
3. Rå slik med dadler og appelsiner er klar.

16. Kiks slik

Nødvendige produkter

- almindelige kiks - 1 pakke
- frisk mælk - 1 tsk.
- vanilje - 1 pakke
- sukker - 1/2 tsk
- kokosspåner - eller farvede/chokoladebarer

Fremgangsmåde

1. I en mellemstor skål, knus kiksene fint og tilsæt sukker, vanilje og mælk og ælt let, indtil der opnås en tyk blanding.
2. Fra blandingen danner du små kugler, pakker de ind med pinde og lad dem stå i køleskabet i 30 minutter.

17. Kiksekugler

Nødvendige produkter

- kiks - 3 pakker Teddy med blåbær (270 g)
- olie - 125 g
- vanilje - 1 stk.
- kakao - 1 æske
- nødder - 250 g
- pulveriseret sukker - 250 g
- kokosspåner - 1 pakke

Fremgangsmåde

1. Kiksene er meget velduftende og meget velegnede til at lave denne type slik. Du kan bruge andre, men du skal bruge en essens eller likør.

2. Knus kiksene og bland med vanilje, kakao, malede valnødder og flormelis.
3. Alle ingredienser blandes, og det smeltede smør tilsættes dem, og vi begynder at blande igen.
4. Fra den resulterende blanding danner du kugler og rul dem i kokosspåner.

18. Kyllingekiks

Nødvendige produkter

- Småkager - 400 g
- Kakao - 90 g
- Sukker - 1 tsk.
- Tørret kokosnød - 150 g

Fremgangsmåde

1. Vi starter med at bryde cookies. De kan gå i stykker, bare rolig, hvis de ikke er gået i stykker perfekt.
2. Læg de piskede kiks i en dyb skål, tilsæt kakao, sukker og 50 g tørret kokos og bland godt.

3. Tilsæt derefter smørret i små portioner og rør godt rundt, indtil det smelter og bløder i kiksene. Du skal få en meget tyk blanding som konsistensen af dejen.
4. Når vi er færdige, former vi mellemstore kugler og arrangerer dem i en bakke eller bakke, så de ikke rører.
5. Lad dem stå i køleskabet i mindst 20 minutter, så de kan stivne.
6. Når de er sat, ruller vi hver af småkagerne i den udtørrede kokosnød og lægger dem tilbage på bakken eller bakken.
7. Så er det ikke et problem, at de lette bolsjer rører hinanden.
8. Kokoskiksene stilles i køleskabet i yderligere ti minutter og er klar til at spise.

19. Keto-trøfler med avocado og chokolade

Nødvendige produkter

- Avocado - 1 stor moden
- hvid chokolade - 50 g med steviol
- Steviola - 2 spsk. af krystaller
- Kakao - 1 spsk.
- Kanel - 1 tsk.
- Kokosolie - 3 spsk.
- Udtørret kokosnød - 3 spsk.

Fremgangsmåde

1. Til disse chokoladetrøfler skal du rive chokoladen og pulverisere steviolaen til krystaller.
2. Smelt kokosolien og skræl og mos avocadoen godt med en gaffel, og du kan bruge en blender.

3. Sigt kakaoen og bland alle ingredienserne uden den indtørrede kokosnød.
4. Lad den resulterende blanding stå i køleskabet, indtil den er fast.
5. Vi laver slik ud af det her.
6. Vi ruller vores keto-trøfler med avocado og chokolade i udtørret kokos.

20. Kugler med dadler og blåbær

Nødvendige produkter

- Dadler - 200 g
- Nødder - 85 g
- Blåbær - 50 g tørret
- Kokos - 3 spsk.
- Kokosolie - 1 spsk.

Fremgangsmåde

1. Kom valnødderne i en blender, kværn, tilsæt dadler og kværn også.
2. Tilsæt derefter alle de øvrige ingredienser til de sunde slik og bland indtil blandingen er homogen.
3. Form blandingen til kugler med dadler og blåbær i hånden. Anret dem på en bakke.

BØRNESLIK

21. Nutella kiks slik

Nødvendige produkter

- flydende chokolade - 400 gram Nutella
- Nødder - 250 gram
- Smør - 250 g
- Vanilje - 4 stk.
- Flormelis - 500 g
- Cookies - 2 pakker

Fremgangsmåde

1. Bland kiksene med valnødderne i en blender. Der skal opnås en fin blanding - som sand.
2. Smelt smørret i vandbad, lad det køle af.
3. Kom alle ingredienserne til slik i en dyb skål og rør, indtil der er dannet en forholdsvis blød dej.
4. Sæt dejen i fryseren i cirka en time.
5. Form slik af enhver størrelse, rul i flydende chokolade og arranger i strimler af papir.
6. Nutella-kiksene er klar.

22. Hjemmelavede gelébolsjer til børn

Nødvendige produkter

- Kompot - 300 ml juice (fra abrikos)
- brun farin - 4 spsk.
- Gelatine - 3 poser x 10 g
- Citronsaft - et par dråber

Fremgangsmåde

1. Hæld den sigtede abrikoskompotsaft i en mellemstor gryde. Sæt på komfuret for at varme op, men uden at koge. Tag herefter gryden ud og tilsæt gelatinepakkerne.
2. Rør rundt med en ske og lad stå i et par minutter, indtil gelatinen svulmer.

3. Sæt derefter blandingen tilbage på kogepladen ved middel varme og rør jævnligt, indtil der er dannet en homogen blanding.
4. Tilsæt brun farin og et par dråber citron (ca. 1/2 tsk).
5. Hæld gelé- og slikblandingen i passende forme (jeg brugte silikoneforme).
6. Lad de fulde forme stå i køleskabet, indtil gelatinen er afkølet og stivnet.
7. Gør dine børn glade med hjemmelavede gelébolsjer til børn!

23. Småkager med chokolade, valnødder og kokos

Nødvendige produkter

- Småkager - 300 g
- Nødder - 100 g
- Smør - 100 g
- Kakao - 4 spsk.
- frisk mælk - 150 ml
- Sukker - 6 spsk.
- Chokolade - 2 stk.
- Valnødder - malet
- Udtørret kokosnød

Fremgangsmåde

1. Jeg kværner den ene pakke småkager og knækker den anden, så der er stykker i sliket og valnødderne tilsættes.
2. Bring mælk, smør, kakao og sukker i kog, tag derefter af varmen, tilsæt 1 chokolade.
3. Når det er afkølet, hældes det over kagerne og blandes godt, vent ti minutter og begynd at danne kugler.
4. Så lader jeg det køle af i kulden og hælder så den smeltede anden chokolade med lidt vand og ruller i dette tilfælde kokos og valnødder i.
5. Forskellige smagsvarianter eller tørrede frugter eller andre nødder kan tilsættes blandingen.
6. Chokolade-, valnødde- og kokossmåkagerne er klar.

24. Nemme gelébolsjer fra kompot

Nødvendige produkter

- kompotjuice - 350 ml
- sukker - 6 spsk
- gelatine - 50 gram
- citronsaft - 1/2 tsk. eller citronsyre

Fremgangsmåde

1. Brug kompotjuice efter eget valg, frugtmos eller frugtjuice. Hvis du ikke kan lide for søde desserter, reducerer du sukkeret til 2-3 spsk.
2. Varm saften fra kompotten op på en kogeplade, tag den af varmen og tilsæt 50 g gelatine.

3. Rør godt rundt og stil blandingen til side, så gelatinen kan svulme op.
4. Når gelatinen svulmer, sættes blandingen tilbage på kogepladen og røres af og til, indtil den er jævn. Tilsæt sukker og 1/2 tsk citronsaft (citronsyre).
5. Hæld det hele i en kande og hæld blandingen i hjemmelavede slik/isterningbakker.
6. Lad slik i fryseren for at stivne.
7. De nemme gelékompotslik er klar.

25. Chokoladekugler med gulerødder

Nødvendige produkter

- Mel - 1 1/2 tsk.
- Sukker - 1 tsk.
- Gulerødder - 1 tsk. gnides
- Valnødder - 1/2 tsk.
- Citronskal
- Æg - 2 stk.
- Bagepulver - 1 stk.
- Olie - 3/4 tsk.
- Kanel - 1 tsk.
- flydende chokolade - til glasering
- Smør - 50 g blødt
- Abrikosgele - 2 - 3 spsk.

Fremgangsmåde

1. Pisk æggene med sukkeret. Tilsæt olie, kanel, revne gulerødder, citronskal og mel sammen med bagepulveret.
2. Rør til det er glat, og hæld blandingen i en belagt gryde.
3. Bag skumfiduserne i den forvarmede ovn. Tjek beredskab med en træpind.
4. Lad det færdige brød køle af og bræk det i krummer. Tilsæt smør, finthakkede valnødder og abrikosgele. Rør rundt og form kugler.
5. Dyp hver scoop i flydende chokolade og afkøl gulerodsslik.

26. Gelébolsjer lavet af druesaft

Nødvendige produkter

- Druejuice - 2 teskefulde usødet ren
- Sukker - 2¼ tsk. + 3 spsk. hvid
- Glukose - ½ time H.
- Æblepektin - 2 spsk.

Fremgangsmåde

1. Jeg dækker bunden af en firkantet bakke med plastfolie. Bland 2 teskefulde glukose og sukker med druesaft ved middel varme. Bring blandingen i kog og rør, indtil sukkeret er smeltet.
2. Blandingen skal koge let. Den vil gerne blive tykkere. Bland det resterende sukker og æblepektin i en skål.

3. Tilføj til. En teskefuld den varme blanding og rør hurtigt. Den nye blanding bør ikke have nogen klumper. Jeg hælder det i gryden med resten af den varme blanding.
4. Kom et termometer i gryden og vent til blandingen når 118 grader.
5. Hæld langsomt blandingen i gryden. Jeg banker bakken på disken for at få luften ud af blandingen. Jeg lod det hærde ved stuetemperatur.
6. Så snart geléen er stivnet, vendes den på en bageplade med sukker. Skær forsigtigt geléen i firkanter og rul gelékaramellerne i sukker.

27. Kiksekugler med kondenseret mælk og chokolade

Nødvendige produkter

- Småkager - 200 g kakao (hjemland)
- Pulver zakhar - 1/2 spsk
- Kondenseret mælk - 150 g
- Smør - 60 g smeltet
- Chokolade - 150 g smeltet til rulning
- Mandler - 100 g skåret eller knust til drys

Fremgangsmåde

1. Knus kiksene i en blender. Hæld dem i en skål. Tilsæt sukkeret og bland det godt sammen.

2. Tilsæt det smeltede smør og kondenseret mælk. Rør godt igen for at lave en kugle af dej.
3. Dæk skålen til og lad den trække i køleskabet i cirka en time. Når du er færdig, danner du små kugler.
4. Sæt kuglerne tilbage i køleskabet for at sætte sig, da varmen fra dine hænder får dejen til at hænge fast.
5. Så snart det er stivnet, dyppes det i smeltet chokolade og anrettes på en tallerken. Drys med hakkede eller knuste mandler eller andre nødder efter ønske.
6. Sæt bolserne tilbage i køleskabet inden servering.

28. Honning og sesambolsjer

Nødvendige produkter

- tahin - 200 g sesamfrø
- honning - 200 g
- sesam

Fremgangsmåde

1. I en skål blandes tahin med honning til en homogen blanding.
2. Vi danner kugler, som vi ruller i sesamfrø.
3. Formen kan være efter eget valg.
4. Anret i en passende beholder og opbevar i køleskabet i 1 time.

29. Hjemmelavede chokolade slikkepinde

Nødvendige produkter

- Chokolade - 500 g
- frisk mælk - 500 ml
- Vanilje - 2 pulvere
- farverige hjerter - 1 pakke
- Kakao - 250 g
- farvede kugler - 1 pose

Fremgangsmåde

1. Smelt chokoladen i en dobbelt kedel. Tilsæt derefter den friske mælk og kakao til den smeltede chokolade og rør godt rundt med en spatel.

2. Lad blandingen stivne i køleskabet i et par timer.
3. Når den er klar, form kugler af massen og rul dem til farverige hjerter og kugler og lim en slikkepind ovenpå.
4. De slik opnået på denne måde kan holde sig lidt længere i køleskabet, når de når ham. :)
5. Nyd dit måltid!

30. Chokoladekirsebær

Nødvendige produkter

- kirsebær - 300 g
- pulveriseret sukker - 2 tsk.
- smør - 6 spsk.
- vanilje - 1/2 tsk.
- frisk mælk - 2 spsk.
- mørk chokolade - 50 g
- mælkechokolade - 100 g

Fremgangsmåde

1. Smelt 3 spsk. smør og bland det med melis, vanilje og mælk. Ælt denne blanding med hænderne - du skal få sukkerdej.
2. Vi vasker kirsebærene og tørrer dem og efterlader dem hele med håndtagene.

3. Tag et lille stykke sukkerdej og pak det rundt om hvert kirsebær, læg dem på bagepapir og sæt dem i fryseren i 20 minutter.
4. Smelt de to typer chokolade sammen med resten af smørret i vandbad, lad det stå i to minutter ikke så flydende og smelt kirsebærene en efter en.
5. Arranger dem igen på papir eller folie. Lad dem stå i køleskabet i 10 minutter for at stivne og indtage med fornøjelse.

31. Jelly Strawberry Muffins

Nødvendige produkter

- Æg - 2 stk.
- Mel - 1 tsk.
- Majsstivelse - 2 spsk.
- Bestået yoghurt - 20 spsk.
- Olie - 2 spsk.
- Bagepulver - 1 tsk.
- Sukker - 4 spsk.
- Vanilje - 1 stk.
- bær - 50 g
- hvid chokolade - 50 g
- Citronskiver - 10 stk. G
- Gelébolsjer - grønne striber
- Chokoladebar - 1 spsk.

- Konfektfarve - rød

Fremgangsmåde

1. Pisk æggene med sukkeret. Tilsæt olie, sigtet mælk, vanilje, majsstivelse, mel og bagepulver og rør til det er glat.
2. Rens jordbærene og skær dem i små stykker. Tilsæt dem til blandingen og rør rundt.
3. Til formen på jordbæret har vi brug for runde silikonemuffinsforme. Vi arrangerer figurerne i en rund bakke tæt sammen i en cirkel. De skal presses sammen og ændre deres form fra rund til smal i en del, hvor midten af bakken og så ligner jordbær.
4. Fyld formene med blandingen og bag dem i en moderat ovn. Vi lader dem afkøle i silikoneformene og i gryden uden at tage dem ud og flytte dem.
5. Bland gelénudlerne og den knækkede hvide chokolade i en skål. Opvarm i mikroovnen i et par sekunder. Rør igen og varm op, indtil der er dannet en tyk væske. Tilsæt en dråbe rød slikfarve og bland indtil farven er jævn.
6. Fjern de afkølede cupcakes på en rist og hæld gelévæsken over dem. Vi samler det,

der er strømmet nedefra, med en ske og hælder det over hver cupcake.

7. Lad glasuren stivne og dekorere, form jordbærstilke ud af grønne gelébånd og drys chokoladebarer for at efterligne solsikkefrø.

32. Græskarslik

Nødvendige produkter

- Græskar - 500 g
- Småkager - 300 g, smør
- Flormelis - 100 g
- Olie - 60 g
- Nødder - 50 g
- Fondant - Grøn

Fremgangsmåde

1. Læg græskarret i en gryde og bag ved 200 grader i cirka 35-40 minutter, eller indtil det er mørt. Kværn valnødder og småkager i foodprocessoren.

2. Når græskarret er afkølet, tilsættes de malede valnødder og småkager. Tilsæt sukker, smør, kanel og bland godt.
3. Lad det stivne i køleskabet. Form derefter små kugler og brug en tandstik til at efterligne konturerne, der er modelleret på et græskar.
4. Lav græskarstilke af grøn fondant. Læg dem i papirkurven og læg dem i køleskabet.
5. Hvis græskarret ikke er gult nok, kan du tilføje en harmløs orange farve til det.

33. Kiksdråber og slikkepinde

Nødvendige produkter

- Småkager - 400 g morgenmad (50:50 hvid og brun)
- Valnødder - malet 150 g
- frisk mælk - 150 ml (tilsæt mere hvis nødvendigt)
- Pulveriseret sukker - 1 tsk.
- Olie - 1/2 pakke. Køer

Til dekoration

- kokosnød
- kakao
- sesam
- Slikstokke - farverige

- chokoladebar
- hvid chokolade - til slikkepinde

Fremgangsmåde

1. Mos kagerne med en kagerulle, og tilsæt derefter sukker, valnødder og smør.
2. Til sidst tilsætter jeg den friske mælk og bestemmer mængden ud fra, hvor lang tid det tager at lave en blød, men ikke for klistret dej.
3. Jeg sætter den i køleskabet et stykke tid, så den stivner og kuglerne lettere bliver til.
4. Når kuglerne er formet, kan de dyppes i chokolade eller rulles i hvad end du har gjort klar til pynt.

34. Kiksekugler med kanel

Nødvendige produkter

- mel - 2 tsk.
- æg - 2 stk.
- sukker - 1 tsk. + 2 spsk.
- fløde - ½ tsk, surdej
- stivelse - 1 tsk, hvede
- sodavand - 1 tsk
- eddike - 1 tsk.
- kanel - 1 spsk.

Fremgangsmåde

1. Pisk æggene med sukker i en skål, tilsæt fløde og blødgjort smør.
2. Bland eddike og sodavand og tilsæt til skålen.

3. Tilsæt gradvist stivelsen blandet med melet.
4. Ælt dejen og form den til aflange stykker. Vi skærer dem i skiver, hvorfra vi danner kugler.
5. Bland 2 spsk. sukker og kanel.
6. Rul hver kugle i denne blanding, anbring i en gryde dækket med bagepapir og bag ved 180 grader, indtil de er lyserøde.

35. Chokoladekugler med hytteost og valnødder

Nødvendige produkter

- Hytteost - 400 g
- Småkager - 200 g bløde
- Yoghurt - 5 spsk.
- Valnødder - 100 g groft malet
- Sukker - 1/2 tsk.
- Kakao - 3 spsk. til støv
- Vanilje - 1 stk.
- Chokolade - 200 g
- Smør - 4 spsk.

Fremgangsmåde

1. Småkagerne males til et pulver. Bland kvark, sukker, surmælk, vanilje og kakao sammen.

2. Tilsæt valnødder og småkager og bland det hele sammen. Tilsæt eventuelt flere småkager og valnødder. Form til kugler og sæt dem i fryseren i 30 minutter.

3. Lav en glasur ved at knække chokoladen og smelte den med smørret i en dobbelt kedel. Smelt kuglerne i glasuren og lad dem hvile i køleskabet i 30 minutter.

36. Jordbærgeleslik

Nødvendige produkter

- Bærsaft - 10 spsk.
- Sukker - 200 g
- Citronsaft - 2 spsk.
- Gelatine - 12 g
- Pulveriseret sukker - 4 spsk.

Fremgangsmåde

1. Gelatinen lægges i blød i koldt kogende vand.
2. Jordbærjuice blandes med sukker og citronsaft og koges. Lad det koge i fem minutter, sluk for varmen, tilsæt den

afdryppede gelatine og bland det hele sammen.
3. Blandingen hældes i isterningbakker og efterlades i køleskabet i 3 timer.
4. Tag bolserne ud af formene og drys med flormelis.

37. Banankarameller med chokolade

Nødvendige produkter

- bananer - 2 stk.
- chokolade - 50 g

Fremgangsmåde

1. Skræl en banan, riv den og skær den i 2 cm tykke cirkler.
2. Smelt chokoladen i vandbad og hæld den over bananskiverne.
3. Læg på et fad og server efter chokoladen har sat sig. Opbevares i køleskabet.

38. Russisk hytteostslik

Nødvendige produkter

- Hytteost - 300 g
- Nødder - 50 g
- Småkager - 150 g bløde
- Sukker - 3 spsk.
- Vanilje - 1 stk.

TIL RULLING

- Chokolade - 50 g
- Kanel - 1/2 tsk.
- Kakao - 1/2 tsk. til støv

metode til fremstilling

1. Ostemassen gnides gennem en sigte eller moses med en gaffel. Bland med sukker og

vanilje, tilsæt de knuste kiks og stødte valnødder og bland det hele sammen.
2. Der dannes runde slik. Oval i revet chokolade, kanel og kakaopulver til at skabe forskellige typer og smage af slik. Lad trække i køleskabet i 1 time.

39. Nyttige kokosbomber

Nødvendige produkter

- kokosnød - 1 tsk. revet
- blåbær - 1 tsk. rød (tørret)
- rosiner - 1 tsk.
- jordnødder - 1 tsk. rå
- smør - 1 pakke ko
- honning - 4 spsk.

Fremgangsmåde

1. Kom halvdelen af kokos, blåbær, rosiner og jordnødder i køkkenhakkeren. Slib alt meget godt.
2. Opvarm olien i et vandbad og tilsæt den til den resulterende blanding. Tilsæt honning.
3. Rør en gang mere og stil på køl i 30 minutter. Tag den afkølede blanding.

4. Form små kugler med en ske. Rul de resulterende slik i den resterende kokosnød og sæt dem tilbage på et køligt sted i et par timer.

40. Slik

Nødvendige produkter

- chokolade - 100 g
- kirsebær - udblødt i likør

Fremgangsmåde

1. Smelt chokoladen i vandbad og kom den herefter i en slikform - kom et lille stykke chokolade i hver form, læg et kirsebær på og hæld til formen er fyldt med chokolade.
2. Sæt slik i fryseren i cirka 2 timer.

SUND SLIK

41. Sunde chokolader

Nødvendige produkter

- Dadler - 30 stykker (ca. 200 g) udstenede, en usødet en
- Jordnøddesmør - 5 spsk. usødet
- mørk chokolade - 70 g
- Kakao - 2 spsk.
- Udtørret kokosnød - 3 spsk. at rulle

Fremgangsmåde

1. Kom alle ingredienser undtagen den udtørrede kokos i en kraftig røremaskine eller hakker og purér, til der er dannet en fløjlsblød masse (ca. 5 minutter).
2. Form slik i den ønskede størrelse og rul i udtørret kokos.
3. Stil i køleskabet i 1 time, og du er færdig.
4. Sunde chokolader er klar.

42. Chokolade mandelfest

Nødvendige produkter

- Mandler - 200 g rå
- Kakao - 3 spsk.
- Chokolade - 100 g naturlig

Fremgangsmåde

1. Udblød mandlerne i varmt vand, så de svulmer.
2. Skræl og riv et græskar og pres saften ud.
3. Lad tørre i 30 minutter ved 100°C.
4. Smelt chokoladen i en dobbelt kedel.
5. Dyp mandlerne heri og rul dem til sidst i kakao.
6. Lad de hjemmelavede slik ligge i bakken og server dem for dine gæster.

7. Chokolade fest mandler er lækre.

43. Hjemmelavet sundt slik med kastanjer

Nødvendige produkter

- Kastanjer - omkring 350 g
- Dadler - 200 g
- Rosiner - 150 g sorte
- Kokosolie
- Cornflakes - ca. 150 g
- Kakao - til at rulle
- Hampefrø - skrællet, til at rulle

Fremgangsmåde

1. Kogte kastanjer (renset indvendigt uden flager) ca. 300-350 g, udblødt i vand i 1 døgn med ca. 200 g dadler (udstenede) og 150 g sorte rosiner (og hvide).

2. Du skal også bruge lidt linolie eller kokosolie, cornflakes (uden sukker), ca. 150 g.
3. Jeg maler flagerne i en blender. Så vendte jeg dadlerne og rosinerne sammen med vandet i en blender.
4. Jeg tilføjede også mit yndlingsfedt (ikke meget). Jeg ælter noget som dej, hvis det er hårdt tilsætter jeg lidt mere vand.
5. Jeg lader den stå i køleskabet. Efter 4 timer former jeg de hjemmelavede slik.
6. Så ruller jeg halvdelen af de veganske bolsjer i kakao og halvdelen af de andre i flåede hampefrø og du får lækre hjemmelavede sunde bolsjer med kastanjer.

44. Sunde slik med dadler og valnødder

Nødvendige produkter

- Dadler - 1 æske naturel
- Valnødder - 500 g knækkede
- Citronskal
- appelsinskræl
- Kakao - 1 spsk selvfølgelig
- Tørret kokosnød - 150 g

Fremgangsmåde

1. Naturlige dadler renses for sten og hældes i foodprocessoren. Tilsæt de knækkede valnødder. Slib til en homogen blanding.

2. Den resulterende blanding opdeles i fem lige store dele og anbringes i skåle. Citronskal i en rist.
3. Rør i hånden for at blande citronskal. Kom appelsinskallen i den anden skål.
4. I den tredje blanding tilsættes kakao, i den fjerde en teskefuld udtørret kokos og den sidste står uden noget - selvfølgelig. Alle blandinger omrøres for at fordele de tilsatte produkter.
5. Tag noget af den resulterende blanding og form kugler.
6. Hvert slik er rullet i udtørret kokosnød.
7. Sunde slik med dadler og valnødder er klar.

45. Kakaoproteinkugler

Nødvendige produkter

- Valleprotein - 2 spsk. til støv
- Kakao - 2 spsk.
- Dadler - 200 g, udstenede
- Mandler - 85 g
- Kokosolie - 2 spsk.
- Vand - 1 spsk.

Fremgangsmåde

1. Kom alle ingredienser i en blender og bland i 2-3 minutter, indtil der er dannet en homogen masse.
2. Lav slik ud af blandingen.
3. Kakaoproteinkuglerne er klar.

46. Kokosproteinkugler

Nødvendige produkter

- Valleproteinpulver - 2 spsk
- Kokosmælk - 1/2 kop
- Kokosmel - 2 kopper + til at rulle

Fremgangsmåde

1. Kom æggehvidepulver, kokosmælk og mel i en blender.
2. Blend i 1 minut, indtil alle ingredienser er godt blandet.
3. Lav slik.
4. Rul kokosproteinkuglerne i kokosmel og du er færdig.
5. Kokosproteinkugler er lækre!

47. Simple proteindråber

Nødvendige produkter

- Mandelolie - 2 spsk. Naturligt
- Protein - 30 g efter eget valg (vanilje, chokolade)
- Udtørret kokosnød - 2 spsk. usødet + 1 spsk. at rulle
- kanel
- Æblejuice - 2 spsk. usødet
- Kakao - 1 spsk.
- Mandler - 1 / 2.k.ch. knust
- Valnødder - dekorative formål
- Kokosolie

Fremgangsmåde

1. Bland alle ingredienser uden kanel og 1 spsk. Revet kokos og bland godt.
2. Ved hjælp af smurte hænder med kokosolie danner vi kugler.
3. Når vi har formet dem ruller du dem i en blanding af udtørret kokos og kanel.
4. Pynt toppen af kyllingen med hele valnødder.
5. Sæt slik i køleskabet i 30 minutter.
6. Nem proteinslik er klar.

48. Slik energi

Nødvendige produkter

- Tyrkisk fornøjelse - 3 stk.
- Nødder - 1/2 tsk.
- Rosiner - 1 håndfuld
- Mandler - 1/2 tsk.
- Dadler - 100 g udstenede
- Udtørret kokosnød - til at rulle

Fremgangsmåde

1. Udblød dadlerne og rosinerne i en lille skål med vand i 10 minutter.
2. I en foodprocessor eller hakker maler vi dadlerne og rosinerne fjernet fra vandet,

den skåret tyrkiske delight, mandlerne og valnødderne.
3. Der opnås en tyk pasta, der ligner en fast dej.
4. Fra denne blanding former vi små runde slik med vores hænder.
5. Rul hver slik individuelt i tørret kokosnød.
6. Lad dem stivne i køleskabet et par timer.
7. Omkring 12 energislik fås fra denne mængde.

49. Proteinslik med dadler

Nødvendige produkter

- Johannesbrødgummi - 1 spsk.
- Nødder - 50 g
- Cornflakes - 2 håndfulde
- Dadler - 5 - 6 stk.
- Protein - 1 spsk. til støv
- Vand - 50 ml
- Udtørret kokosnød - til at rulle

Fremgangsmåde

1. Mal valnødder og cornflakes og kom i en skål.

2. Tilsæt rozhkov-mel, proteinpulver og finthakkede dadler.
3. Tilsæt vandet og bland godt. Form proteinslikerne på størrelse med en valnød og rul dem i udtørret kokos og evt kakao.
4. Lad bolserne sætte sig lidt i køleskabet.
5. God fornøjelse med disse proteinslik med dadler!

50. Proteinslik med hytteost og udtørret kokos

Nødvendige produkter

- Hytteost - 100 g mager
- Protein - 20 g med vaniljesmag
- Havreklid - 20 g
- honning - 10 g
- Chokolade - 10 g naturlig
- Kokos - til at rulle

Fremgangsmåde

1. Riv chokoladen på et groft rivejern.
2. Vi putter alle produkter i en dyb skål.
3. Vi blander alt godt.
4. Vi danner kugler på størrelse med en valnød.

5. Rul det færdige slik i den udtørrede kokosnød.
6. Læg på en tallerken og stil på køl i 30 minutter.
7. Proteinslik med hytteost og udtørret kokos er klar.

51. Mandelbolsjer knaser

Nødvendige produkter

- mandler - 50 g
- mandelolie - 50 g crunches (eller alm.)
- agavesirup - 30 g (valgfrit sødemiddel)
- blå spirulina - 2 tsk. (kan springes over)

Fremgangsmåde

1. Blend mandlerne i en blender.
2. Hæld dem i en skål, tilsæt de resterende produkter og bland godt.
3. Fra den resulterende blanding danner du nyttige slik og efterlader dem i fryseren i ca. 30 minutter at stramme.
4. Tag derefter ud og mandelkonfektsmulderne er klar.

52. Hvid chokolade og mandelslik

Nødvendige produkter

- Kakaosmør - 30 g
- Kokosmælk - 20 g pulver
- Agavesirup - 15 ml
- Mandler - 10 g

Fremgangsmåde

1. Smelt kakaosmørret i vandbad.
2. Overfør til en skål, tilsæt kokosmælk og agavesirup og rør rundt.
3. Skær mandlerne i stykker og tilsæt dem.
4. Rør igen og del den resulterende blanding i slikdåser.
5. Lad bolserne stå i fryseren, indtil de er faste.

6. Så tager du dem forsigtigt ud og de er klar til servering.
7. Hvid chokolade og mandelbolsjer er fantastisk!

53. Chokolader med fyld

Nødvendige produkter

- Kakaosmør - 20 g
- Kokosolie - 20 g
- Kakao - 15 g
- Agavesirup - 30 ml (eller andet sødemiddel efter eget valg)
- Jordnøddesmør – eller tahin til fyld

Fremgangsmåde

1. Smelt kakaosmørret i vandbad.
2. Hæld det i en skål, tilsæt de resterende produkter og bland godt.
3. Hæld op til halvdelen af blandingen i slikglas.
4. Tilsæt lidt smør eller tahin og fyld op med den resterende chokoladeblanding.

5. Sæt de nyttige slik til at tage på i cirka 30-40 minutter.
6. Fjern derefter pralinerne med fyldet og server.

54. Chokoladebolsjer med dadler

Nødvendige produkter

- dadler - 55 g
- chokolade - 55 g
- protein - 1 dåse (25 g; eller kakao + sødemiddel)
- hasselnøddeolie - 25 g (anden olie eller tahin)

Fremgangsmåde

1. Blend først dadlerne i en blender (tilsæt evt. lidt vand).
2. Hæld dem i en skål.
3. Smelt chokoladen i vandbad og tilsæt det til dadlerne sammen med de øvrige produkter.
4. Bland godt, indtil du får en homogen blanding, som du danner rå bolsjer af med hænderne.

5. Sæt chokoladebolsjer med dadler i køleskabet i cirka 1 time for at stivne.

55. Græskar slik kyllinger

Nødvendige produkter

- Græskar - ristet 150 g
- Hytteost - 150 g konfekture (eller almindelig)
- Kokoscreme - 30 g (eller kokosfløde eller smør)
- Sødemiddel - efter smag
- Udtørret kokosnød - til at rulle

Fremgangsmåde

1. Til disse nyttige kyllinger skal du mos det forstegte græskar i en skål.

2. Tilsæt de resterende produkter og bland godt.
3. Form massen til kokosbolsjer og rul dem i udtørret kokos.
4. Lad græskarsliken Kokoski hvile i køleskabet i flere timer og server derefter.

56. Chokolader med mandelsmag

Nødvendige produkter

- Kirsebær - 50 g tørret
- Hasselnødder - 50 g ristede (eller rå)
- Hasselnød tahini - 30 g
- Kokosolie - 20 g
- Tørret kokosnød - 15 g
- Agavesirup - 35 ml (eller et andet sødemiddel, hvis det ønskes)
- Mandel essens
- Chokolade - 40 g (til at rulle)

Fremgangsmåde

1. Bland alle produkter uden chokolade og udtørret kokos i en røremaskine og purér til en homogen masse.
2. Tilsæt den indtørrede kokos og rør rundt.

3. Fra den resulterende blanding danner du slik, som du lader stå i køleskabet i et par timer.
4. Derefter smeltet chokolade i en dobbelt kedel og ovale allerede faste mandelbolcher med en scoop.
5. Dræn chokoladen og stil chokoladerne med mandelsmag tilbage i køleskabet for at stivne.

57. Rå jordnøddebolsjer med hytteost

Nødvendige produkter

- Nødder - 100 g blanding af rå (jordnødder, mandler, cashewnødder) og rosiner
- Hytteost - 100 g konfekture (eller naturlig)
- Jordnøddesmør - 35 g med jordnøddestykker
- Stevia - eller et hvilket som helst andet sødestof efter eget valg
- Jordnødder - (eller andre nødder) til at rulle

Fremgangsmåde

1. Kværn blandingen af nødder og rosiner i en blender til disse rå slik.

2. Hæld det i en skål og tilsæt de resterende produkter.
3. Bland godt og den resulterende blanding i form af slik.
4. Rul formalede jordnødder sammen og lad rå jordnøddeslik med hytteost hvile i køleskabet i et par timer.

58. Hjemmelavet slik med tre ingredienser

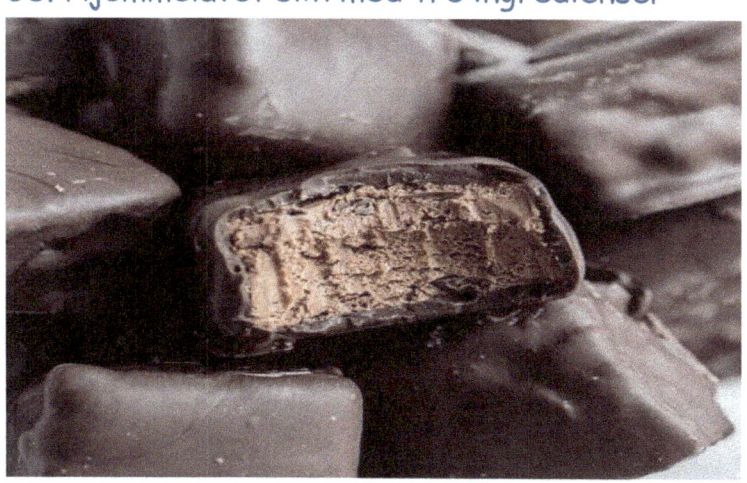

Nødvendige produkter

- Flødeost - 125 g
- Sesam tahin - 3 spsk.
- Udtørret kokosnød - 4 spsk.
- rå mandler - 100 g

Fremgangsmåde

1. Flødeost piskes med en bodymixer. Tilsæt sesam tahin og kun to skeer tørret kokosnød. Med den resterende udtørrede kokos ruller vi de lækre hjemmelavede slik.
2. Bland de tre ingredienser til sundt slik med en spatel.
3. Slik formes til kugler.
4. Kværn rå mandler i en blender.

5. De formede slik rulles i den resterende udtørrede kokosnød og råkværnede mandler.

6. Du kan roligt spise hjemmelavet slik med tre ingredienser, hvis du holder øje med din figur.

59. Lækkert sukkerfri slik

Nødvendige produkter

- fra hornene - 50 g
- flødeost - 160 g
- honning - 30 g
- ko smør - 100 g
- valnødder - 100 gram til rulning
- kokosspåner - valgfrit
- sukkerstænger - valgfrit

Fremgangsmåde

1. Kom flødeost, johannesbrødmel og honning i en skål, rør rundt.

2. Smelt smørret i vandbad og tilsæt det til de øvrige ingredienser. Bland godt, indtil der opnås en luftig homogen blanding.
3. Sæt blandingen i køleskabet i cirka en time for at hærde.
4. Fjern og form til kugler, som derefter rulles fint i de malede valnødder. Hvis det ønskes, kan du rulle dem i kokosspåner eller sukkerstænger.
5. Der kommer omkring 24-26 slik ud af denne blanding. Kan du ikke lide honning i opskriften, kan den erstattes med dadler. Kværn et par dadler efter smag i en blender og tilføj opskriften i stedet for honning.
6. Opbevar disse lækre sukkerfrie slik i køleskabet!
7. Nyd dit måltid!

60. Rå dadler og bananslik

Nødvendige produkter

- Nødder - 45 g
- Havregryn - 30 g
- Dadler - 50 g
- Charlatan - 1 spsk.
- Bananer - 1 stk.
- fra hornene - 10 g
- kanel
- Udtørret kokosnød - 1 pose

Fremgangsmåde

1. Alt er blandet.
2. Fra den resulterende homogene blanding til slik og bolde dannes.

3. Alle rå banan- og daddelslik er rullet i udtørret kokosnød.

PROTEIN-KABEL

61. Kakaoproteinkugler

Nødvendige produkter

- Valleprotein - 2 spsk. til støv
- Kakao - 2 spsk.
- Dadler - 200 g, udstenede
- Mandler - 85 g
- Kokosolie - 2 spsk.
- Vand - 1 spsk.

Fremgangsmåde

1. Kom alle ingredienser i en blender og bland i 2-3 minutter, indtil der er dannet en homogen masse.
2. Lav slik ud af blandingen.

3. Kakaoproteinkuglerne er klar.

62. Kokosproteinkugler

Nødvendige produkter

- Valleproteinpulver - 2 spsk
- Kokosmælk - 1/2 kop
- Kokosmel - 2 kopper + til at rulle

Fremgangsmåde

1. Kom æggehvidepulver, kokosmælk og mel i en blender.
2. Blend i 1 minut, indtil alle ingredienser er godt blandet.
3. Lav slik.
4. Rul kokosproteinkuglerne i kokosmel og du er færdig.
5. Kokosproteinkugler er lækre!

63. Mandelproteinkugler

Nødvendige produkter

- Valleproteinpulver - 2 spsk.
- Mandelmel - 1 kop
- Dadler - 200 g, udstenede
- Kokosolie - 2 spsk.
- Vand - 1 spsk efter behov

Fremgangsmåde

1. Kom vallepulver, mandelmel i en blender eller, hvis du ikke har mandelmel, tag rå mandler og mal dem, dadler, kokosolie.
2. Blend i 2-3 minutter. Lav slik ud af blandingen.
3. Mandelproteinkugler er klar.

64. Kokosproteinkugler

Nødvendige produkter

- Valleproteinpulver - 2 spsk
- Kokosmælk - 1/2 kop
- Kokosmel - 2 kopper + til at rulle

Fremgangsmåde

1. Kom æggehvidepulver, kokosmælk og mel i en blender.
2. Blend i 1 minut, indtil alle ingredienser er godt blandet.
3. Lav slik.
4. Rul kokosproteinkuglerne i kokosmel og du er færdig.
5. Kokosproteinkugler er lækre!

65. Simple proteindråber

Nødvendige produkter

- Mandelolie - 2 spsk. Naturligt
- Protein - 30 g efter eget valg (vanilje, chokolade)
- Udtørret kokosnød - 2 spsk. usødet + 1 spsk. at rulle
- kanel
- Æblejuice - 2 spsk. usødet
- Kakao - 1 spsk.
- Mandler - 1 / 2.k.ch. knust
- Valnødder - dekorative formål
- Kokosolie

Fremgangsmåde

1. Bland alle ingredienser uden kanel og 1 spsk. Revet kokos og bland godt.
2. Ved hjælp af smurte hænder med kokosolie danner vi kugler.
3. Når vi har formet dem ruller du dem i en blanding af udtørret kokos og kanel.
4. Pynt toppen af kyllingen med hele valnødder.
5. Sæt slik i køleskabet i 30 minutter.
6. Nem proteinslik er klar.

66. Nemme proteinslik

Nødvendige produkter

- mandelolie - 2 spsk. naturligt
- protein - 30 g efter eget valg (vanilje, chokolade)
- kokosspåner - 2 spsk. usødet + 1 spsk. til at rulle
- kanel
- æblejuice - 2 spsk. usødet
- kakao - 1 spsk.
- mandler - 1 / 2.k.ch. knust
- valnødder - formål til dekoration
- kokosolie

Fremgangsmåde

1. Bland alle ingredienser uden kanel og 1 spsk. kokosspåner og bland godt.

2. Vi danner kugler ved hjælp af smurte hænder med kokosolie.
3. Når vi har formet dem ruller du dem i en blanding af kokosspåner og kanel.
4. På toppen pyntes kyllingerne med hele valnødder.
5. Stil slik i køleskabet i 30 minutter.
6. Easy Protein Candies er klar.

67. Proteinslik med dadler

Nødvendige produkter

- fra hornene - 1 spsk
- Nødder - 50 g
- Cornflakes - 2 håndfulde
- Dadler - 5 - 6 stk.
- Protein - 1 spsk. til støv
- Vand - 50 ml
- Udtørret kokosnød - til at rulle

Fremgangsmåde

1. Mal valnødder og cornflakes og kom i en skål.
2. Tilsæt rozhkov-mel, proteinpulver og finthakkede dadler.

3. Tilsæt vandet og bland godt. Form proteinslikerne på størrelse med en valnød og rul dem i udtørret kokos og evt kakao.
4. Lad bolserne sætte sig lidt i køleskabet.
5. God fornøjelse med disse proteinslik med dadler!

68. Protein slik med havregryn

Nødvendige produkter

- Havregryn - 1 tsk.
- Honning - 1 spsk. væske
- Dadler - 6 udstenede
- Sesam - til at rulle

Fremgangsmåde

1. Kom alle ingredienser i blenderen uden sesamfrø.
2. Bland indtil en klistret dej er dannet.
3. Efter at have fjernet blandingen og brugt dine hænder, form proteinslik på størrelse med en valnød.

4. Når du er færdig ruller du sesamfrøene sammen.
5. Anret på en tallerken og lad afkøle i mindst en time, og server derefter proteinslikerne med havregryn.

69. Hjemmelavet proteinslik med nødder

Nødvendige produkter

- dadler - 2 håndløse udstenede
- sesam tahin - 2 spsk.
- kakao - 1 spsk.
- honning - 2 spsk.
- ris - 2 spsk. protein
- kokosolie - 2 spsk.
- mandler - 1 håndfuld malet
- hasselnødder - 1 håndfuld malet

Til rullende

- nødder - 4 spsk. jord
- sesamfrø - 2 spsk.
- hampefrø - 3 spsk.

Fremgangsmåde

1. Kom dadler, mandler og hasselnødder igennem en blender.
2. Tilsæt sesamtahin, honning, kokosolie (smeltet), kakao og risprotein.
3. Fra den resulterende blanding laver du slik.
4. Del stykkerne i tre og rul de hjemmelavede proteinbolcher med nødder i de tre typer nødder og frø: malede valnødder, sesam- og hampefrø.

70. Kokos- og bananproteinslik

Nødvendige produkter

- Mandler - 100 g
- Dadler - 100 g
- Bananer - 1/2 stk.
- Jordnøddesmør - 2 spsk.
- Vanilje - 1 stk.
- Sol
- hvis - 15 g (valgfrit)
- Udtørret kokosnød - 2 spsk.

Fremgangsmåde

1. Mandler og dadler (udstenede) males. Det bliver et klistret brød som bund til cheesecake. Hæld i en flad tallerken eller

lille gryde og tryk ned med hænderne til en tynd bund.

2. Mal bananen med jordnøddesmør, tørret kokosnød og tørret kokosnød. Tilsæt en pakke vanilje og en knivspids havsalt. Fordel på mandelbakken. Sæt i fryseren i 20-25 minutter.

3. Vi tager den ud til skæring. Drys med udtørret kokos og sæt i fryseren længe. Vi skubber slik ind i køleskabet og nyder dem afkølet.

4. 20 mini slik opnås fra disse proportioner.

RÅ SLIK

71. Rå slik til diabetikere

Nødvendige produkter

- Dadler - 300 gram udstenede
- Udtørret kokosnød
- Rosiner - 200 g
- Svesker - 150 g (udstenede)
- Kakao – selvfølgelig
- Rom - 1 tsk

Fremgangsmåde

1. Skær blommer og dadler. Tilsæt rosinerne og kom det hele i en blender. Purér indtil en klistret blanding er dannet.

2. Overfør til en skål og hæld rommen over.
3. Dæk skålen med husholdningsfilm og stil på køl i cirka 30 minutter.
4. Form slik af den afkølede masse og rul dem i udtørret kakao eller kokos.
5. Læg hver slik i en papirkapsel. Opbevares på et køligt sted.
6. Rå slik til diabetikere er klar.

72. Rå slik med banan og dadler

Nødvendige produkter

- Bananer - 1 stk.
- Havregryn - 1 tsk.
- Datoer - 7 - 8
- Kokosolie - 1 spsk.
- fra hornene - 2 tsk
- Kanel - 1 tsk.
- Udtørret kokosnød

Fremgangsmåde

1. Bland og purér alle produkterne i en blender.
2. Form kugler og rul dem i udtørret kokos.
3. Lad slikene stå i køleskabet i et par timer for at sætte sig.

4. Rå banan- og daddelslik er klar.

73. Rå slik med bananer og dadler

Nødvendige produkter

- bananer - 1 stk.
- havregryn - 1 tsk.
- datoer - 7-8
- kokosolie - 1 spsk
- johannesbrødmel - 2 tsk.
- kanel - 1 tsk
- kokosspåner

Fremstillingsmetode

1. Bland alle produkterne i en blender og blend.
2. Form kugler og rul dem i kokosspåner.
3. Lad karamellerne stå i køleskabet et par timer for at sætte sig.

4. De rå banan- og dadelbolsjer er klar.

74. Rå frugtslik

Nødvendige produkter

- Mandler - 50 g
- Grød - 50 g
- frosne brombær - 80 g (du kan bruge jordbær, hindbær eller enhver anden frugt efter eget valg)
- Tygebær - 20 g tørret
- Kokosolie - 20 g
- Stevia - eller andre sødestoffer efter smag

Fremgangsmåde

1. Purér først nødderne i en blender og kom dem i en skål.

2. Bland derefter brombær og blåbær og tilsæt dem.
3. Tilsæt smør og sødemiddel og bland godt.
4. Lad blandingen tage omkring 30-40 minutter at komme på noget.
5. Tag det derefter ud og form det til brugbart råslik.
6. Lad dem stivne i køleskabet et par timer mere.
7. Når de rå frugtslik er klar, kan du pynte og servere med produkter efter eget valg.

75. Rå søde kugler med kokosolie og nødder

Nødvendige produkter

- kachamak - ¼ h.ch. Fin semulje
- Kokosolie - 1 spsk.
- mørk chokolade - 1 række
- Kanel - 1 knivspids
- Horn - 3 tsk.
- brun farin - 6 spsk. samme
- Cookies - 2 stykker til at tykne
- Vanilje - 2 dråber væske
- Kakaobønner - 3 knivspidser (knust)
- Vand - 2/3 tsk.
- Nødder - ½ hh Valnødder og hasselnødder til at rulle

Fremgangsmåde

1. Kog grøden op og sød den med brun farin.
2. Rør kraftigt – uden afbrydelser, med en dejmixer til det suger vandet.
3. Tag gryden af varmen og tilsæt kokosolie og fintrevet mørk chokolade for at smelte i den varme frugtkød.
4. Krydr blandingen med flydende vanilje og farve i stykker med johannesbrød, kanel og kakaobønner.
5. Tjek med finthakkede kiks og brug den resulterende dej til at danne små kugler, der ruller til finthakkede nødder efter eget valg (i dette tilfælde - valnødder og hasselnødder).
6. Nemt og hurtigt at lave veganske slik.
7. Nyttige og lækre råsøde kugler med kokosolie og nødder.

76. Rå jordnøddebolsjer med hytteost

Nødvendige produkter

- Nødder - 100 g blanding af rå (jordnødder, mandler, cashewnødder) og rosiner
- Hytteost - 100 g konfekture (eller naturlig)
- Jordnøddesmør - 35 g med jordnøddestykker
- Stevia - eller et hvilket som helst andet sødestof efter eget valg
- Jordnødder - (eller andre nødder) til at rulle

Fremgangsmåde

1. Kværn blandingen af nødder og rosiner i en blender til disse rå slik.
2. Hæld det i en skål og tilsæt de resterende produkter.
3. Bland godt og den resulterende blanding i form af slik.
4. Rul formalede jordnødder sammen og lad rå jordnøddeslik med hytteost hvile i køleskabet i et par timer.

77. Festlige rå veganske trøfler

Nødvendige produkter

- Grød - 200 g tyk
- tørrede dadler - udstenede 200 g
- Kokosolie - 2 spsk.
- Havregryn - 2 spsk. bøde
- Kakao - 2 spsk.

Til dekoration

- Hasselnødder - hele
- kakao
- Sukkerfigurer - miner

Fremgangsmåde

1. Kom alle produkter i en blender og pisk indtil en homogen blanding opnås. I mit humør tilføjer jeg nogle gange sesam tahini eller

agavesirup, du kan altid øge eller mindske mængden af en ingrediens baseret på dine egne præferencer.

2. Når blandingen er klar, er det bedst at stille den i køleskabet i cirka en halv time for at stramme slikblandingen lidt - det gør det nemmere at forme slik med hænderne.
3. I mellemtiden forbereder du dekorationen.
4. Når massen er fast formes de rå bolsjer. Kom en hel hasselnød i hver slik og rul den i kakao. Du kan lægge en mini sukkerfigur ovenpå, i dette tilfælde blev de lavet meget søde med farverige sukkersommerfugle - denne vidunderlige fornøjelse for sanserne er klar!
1. Festlige rå veganske trøfler er meget nemme at tilberede og giver fremragende gaver eller lækkerier ved særlige lejligheder.

78. Rå dadler og bananslik

Nødvendige produkter

- Nødder - 45 g
- Havregryn - 30 g
- Dadler - 50 g
- charlan - 1 spsk.
- Bananer - 1 stk.
- fra hornene - 10 g
- kanel
- Udtørret kokosnød - 1 pose

Fremgangsmåde

1. Alt er blandet.
2. Fra den resulterende homogene blanding til slik og bolde dannes.
3. Alle rå banan- og daddelslik er rullet i udtørret kokosnød.

79. Rå energi slik med tahin

Nødvendige produkter

- Mandler - malet 200 g
- Hasselnødde tahin - 1 - 2 spsk.
- Kakaobønner - 1 spsk. strimlet + til at rulle
- Dadler - 7 stk.
- Honning - 1 spsk.
- Udtørret kokosnød - til at rulle
- pasform - rulle
- Kakao - til at rulle
- Essens - rom efter smag

Fremgangsmåde

1. Kværn først mandlerne i en blender. Vi tager en skål, hvori vi hælder mandler, finthakkede dadler, knuste kakaobønner, hasselnøddetahini, en spiseskefuld honning og romessens.

2. Brug blandingen til at danne slik i den ønskede størrelse. Ælt blandingen i hånden, når den er tør, tilsæt mere tahin.
3. Vi tilbereder tre agurker, i hver af dem sætter vi ingredienserne til at rulle - udtørret kokosnød i den ene, kakao i den anden og udtørret kokosnød blandet med 10 g tændstik i den tredje.
4. Matcha er en type grøn te. Dette er en type tepulver, hvis blade er malet til et pulver. Matcha er en meget populær drik, der er klassificeret som en superfood - med særlige egenskaber.
5. Grønt pulver styrker immunforsvaret, giver energi, stabiliserer niveauet af kolesterol i blodet, fremskynder stofskiftet, bremser aldringsprocessen.
6. Hvis du er til kanel, kan du erstatte tændstikken med kanel til disse nyttige slik.
7. Vi danner kugler af massen og ruller slik med ingredienserne ud af skålene.
8. Anret på en tallerken og server. Disse rå tahin energi slik har en lang holdbarhed.
9. God fornøjelse!

80. Rå slik med dadler og sesam tahin

Nødvendige produkter

- Dadler - 200 g udbenet
- Jordnødder - 70 g ristede, skrællede
- Græskarkerner - 40 g skrællede, rå eller ristede
- Sesam tahin - 2 spsk.
- Udtørret kokosnød - til at rulle
- Kakao - naturlig, malet (til at rulle)

Fremgangsmåde

1. Når dine dadler er tørrere, læg dem i blød i vand i 2 timer, og dræn dem derefter og tør dem. Hvis de er bløde, spring denne procedure over.

2. Kom peanuts og dadler i skålen med en blender eller foodprocessor og tænd for høj kværnehastighed i et par sekunder. De bør ikke laves til en absolut frugtkød, men til meget små stykker, der ligner krummer.
3. Overfør til en skål og tilsæt sesam tahin. Bland godt, indtil der er dannet en homogen klæbrig blanding.
4. Form den resulterende dadeldej til kugler og rul den ene halvdel i tørret kokosnød, den anden halvdel i kakaopulver.
5. Anret på en tallerken og server med det samme eller opbevar slik i en tætlukket beholder i køleskabet.
6. Store, velsmagende og sunde slik, velegnet til børn og voksne. Spis når som helst eller i selskab med en kop aromatisk te eller kaffe.
7. Hav det sjovt!

81. Hjemmelavede daddelslik og rå nødder

Nødvendige produkter

- Dadler - 200 g
- Grød - 50 g tyk
- Mandler - 100 g rå
- Kakao - 1 tsk
- Essens - 2 - 3 dråber rom
- Essens - 2 - 3 dråber appelsin
- Kanel - 1 knivspids
- Chokolade - 100 g
- Tørret kokosnød - 200 g

Fremgangsmåde

1. Kom de udbenede dadler, kakao, chokolade, nødder, kanel og begge essenser i en blender og kværn til det bliver klistret.

2. Afkøl i 30-40 minutter. Form blandingen til kugler og rul dem i udtørret kokosnød.
3. Vi efterlader de færdige slik på et køligt sted; de behøver ikke at stå i køleskabet.

82. Rå chokolade med kokossmør

Nødvendige produkter

- Kokosolie - 1 tsk. lille (uraffineret)
- Kakao - 30 g rå naturligt pulver
- fra hornene - 20 g
- Honning - 1 spsk. bi
- Vanilje - 1 pulver
- nødder
- Tørrede frugter - valgfrit

Fremgangsmåde

1. Kom kokosolien i en lille gryde på komfuret. Vi tænder ved en meget lav temperatur. Kokosolie bliver flydende, når den varmes op til 26 grader.

2. Tilsæt vanilje, kakaopulver, johannesbrødgummi. Bland alle ingredienser.
3. Fjern fra varmen og tilsæt honning for at opløse.
4. Forbered silikoneforme til chokolade eller slik og fordel chokolademassen.
5. Du kan tilføje knuste, malede eller hele nødder, som du vil. Tørrede frugter - i stykker eller, hvis de er små, hele.
6. Jeg brugte personligt hele mandler, hasselnødder og gojibær. Jeg valgte at lave den i en chokoladekonfektform for min bekvemmelighed.
7. Stil formen i fryseren i mindst 5 timer for at stivne.
8. Tag den ud, fjern formen og nyd!
9. Sørg for at opbevare i fryseren.

83. Rå slik med tørrede pærer og kanel

Nødvendige produkter

- tørrede pærer - 1 tsk.
- Havregryn - 1 tsk.
- Appelsiner - saft og skal af 1/2 appelsin
- Kanel - 2 tsk.
- Kokosolie - 2 tsk.
- Udtørret kokosnød
- appelsinskræl

Fremgangsmåde

1. Bland alle produkter i en blender.
2. Med hænderne former du kugler, som du ruller i udtørret kokos og appelsinskal.
3. Sæt slik i køleskabet i et par timer for at sætte sig og nyd det derefter.

84. Rå gulerodsbolsjer

Nødvendige produkter

- Gulerødder - 2 stk.
- Honning - 2 spsk.
- Valnødder - 30 g rå
- Mandler - 30 g rå
- Grød - 30 g rå
- Udtørret kokosnød - til at rulle

Fremgangsmåde

1. Riv gulerødderne.
2. Kværn nødderne i en blender og tilsæt honning. Kværn i yderligere 2 minutter.
3. Tilsæt de revne gulerødder og rør rundt i hånden.
4. Vi tager lidt af blandingen og laver kugler.
5. Rul dem i udtørret kokos.
6. Vi bruger dem op med det samme.

85. Rå vegansk slik med hørfrø

Nødvendige produkter

- Nødder - 1 tsk.
- Chia - 1/4 tsk.
- Hørfrø - 1/4 tsk.
- Græskarkerner - 1/3 tsk.
- fra hornene - 1 1/2 tsk
- Kakao - 1 1/2 tsk
- Udtørret kokosnød - 1/4 tsk.
- Rosiner - 2 spsk.
- Dadler - 15 stk.
- Kokosolie - 2 spsk.
- Revet kakao og kokos til at rulle

Fremgangsmåde

1. Vi renser dadlerne fra stenene. Alle produkter blandes sammen med de rensede former i en foodprocessor eller hakker og males, indtil der opnås en homogen blanding.
2. Vi former slik i form af kugler, som rulles i udtørret kokos-, kakao- eller johannesbrødmel.
3. Lad bolserne stå i køleskabet i en time før servering.

86. Rå chokoladekugler med nødder og dadler

Nødvendige produkter

- Dadler - 20 stk.
- Nødder - 1 håndfuld
- Jordnødder - 1/2 håndfuld stegt
- Mørk chokolade - 15-20 g (70%)
- Kakao - 1 spsk.
- Kokosolie - 1 spsk.

Fremgangsmåde

1. Hak det hele i en hakker, form kugler og opbevar i køleskabet!

87. Rå kakaoslik

Nødvendige produkter

- Rosiner
- chokolade spiritus
- Småkager - med kakao
- Café - 3i1
- nødder
- Bananer
- Udtørret kokosnød
- kakao

Fremgangsmåde

1. Rosinerne holder sig i likøren i 5-6 timer. Hak op med en blender.

2. Tilsæt de knuste valnødder, den mosede banan, lidt kaffe, bland det hele sammen og kværn kiksene til en tykkere masse (du kan med samme succes male alt i en blender).
3. Bland den udtørrede kokosnød med kakao i en lav skål, og rul derefter de håndformede kugler af den tilberedte blanding i den.

88. Rå chokolader

Nødvendige produkter

- appelsinskal - revet skal af 1/2 appelsin
- kokosolie - 1 spsk.
- kokossukker - 1 spsk.
- kokosspåner - 2 spsk.
- kakaosmør - 2 spsk. (koldpresset)
- kakaobønner - 4 spsk. fint malet rå

Fremgangsmåde

1. Smelt kakao og kokosolie i et vandbad og vent på, at de bliver lidt flydende.
2. Så tilsætter jeg appelsinskal, kakaobønner og kokossukker.
3. Rør indtil jeg får en homogen blanding og fjern fra vandbadet.

4. Hæld i forme og stil i køleskabet i 2 timer.
5. Jeg drysser dem med kokosspåner ovenpå.

89. Rå vegansk slik

Nødvendige produkter

- Tørret frugt - valgfrit (f.eks. rosiner, kirsebær osv.)
- Valnødder - malet
- Cookies - alm
- Carob mel - eller kakao
- Havresavsmuld
- Udtørret kokosnød
- Rom - eller anden alkohol efter eget valg

Fremgangsmåde

1. De tørrede frugter lægges i blød i alkohol i cirka 6 timer og hældes derefter i en blender.

2. Knuste kiks, nødder, havreflager, johannesbrødgummi – de fanger alle øjet og knækker.
3. Af den tilberedte blanding laves kugler, som rulles i udtørret kokosnød. Du kan putte en møtrik i den, hvis du vil.

90. Rå vegansk slik med gojibær

Nødvendige produkter

- goji bær - 50 g
- tranebær - 30 g tørret
- dadler - 50 g udbenet
- græskarkerner - 50 g rå
- mandler - 50 g rå skrællet
- honning - 40 g
- vand - 1 - 2 spsk, evt
- kakao - rå sesam- og/eller kokosspåner til rulning

Fremgangsmåde

1. Alle produkter blandes i en foodprocessor. Si indtil der dannes en klistret masse. Hvis blandingen er for tør, tilsættes 1-2 spsk vand.

2. Af dejen dannes der kugler. Ovaliser i sesam, kakao eller kokos. Opbevares i en æske i køleskabet.

91. Rå chokolader med kokos og sesamfrø

Nødvendige produkter

- Sesamfrø - 80 g rå
- Kokos - 40 g tørret kokos
- Kakao - 25 g råpulver
- Agavesirup - 80 g
- Kokosolie - 50 g (ved stuetemperatur)
- kanel

Fremgangsmåde

1. Alle produkter blandes og omrøres med en gaffel, indtil der opnås en homogen masse.
2. Dejen formes til et lille rektangel på ca. 12 × 14 cm på bagepapir.

3. Til frisk opbevaring i æske eller dæk med folie og lad hvile i flere timer i køleskabet, indtil det er fast. Når den er fast skæres den i firkanter.

SLIK UDEN SUKKER

92. Vegansk slik med dadler og grød

Nødvendige produkter

- Dadler - 150 g, kan lægges i blød i varmt vand
- Grød - 50 g, rå
- Mandler - 50 g, rå
- Carob mel - 4 spsk.
- Kokosolie - 4 spsk.
- Stevia - efter smag, måske uden
- Udtørret kokosnød - 2 spsk.
- Udtørret kokosnød - 4 spsk. at rulle

Fremgangsmåde

1. I en foodprocessor maler du først nødderne og tilsætter derefter de øvrige ingredienser - dadler, smør, savsmuld, johannesbrødmel.
2. Stevia kan tilsættes hvis det ønskes.
3. Massen er tyk og klistret, der dannes kugler, de veganske bolsjer rulles i udtørret kokos.
4. Vend tilbage til køleskabet for at sætte sig.
5. Veganske slik med dadler og cashewnødder er virkelig lækre.

93. Hjemmelavet sundt slik med kastanjer

Nødvendige produkter

- Kastanjer - omkring 350 g
- Dadler - 200 g
- Rosiner - 150 g sorte
- Kokosolie
- Cornflakes - ca. 150 g
- Kakao - til at rulle
- Hampefrø - skrællet, til at rulle

Fremgangsmåde

1. Kogte kastanjer (renset indvendigt uden flager) ca. 300-350 g, udblødt i vand i 1 døgn med ca. 200 g dadler (udstenede) og 150 g sorte rosiner (og hvide).

2. Du skal også bruge lidt linolie eller kokosolie, cornflakes (uden sukker), ca. 150 g.
3. Jeg maler flagerne i en blender. Så vendte jeg dadlerne og rosinerne sammen med vandet i en blender.
4. Jeg tilføjede også mit yndlingsfedt (ikke meget). Jeg ælter noget som dej, hvis det er hårdt tilsætter jeg lidt mere vand.
5. Jeg lader den stå i køleskabet. Efter 4 timer former jeg de hjemmelavede slik.
6. Så ruller jeg halvdelen af de veganske bolsjer i kakao og halvdelen af de andre i flåede hampefrø og du får lækre hjemmelavede sunde bolsjer med kastanjer.

94. Chokolade mandelfest

Nødvendige produkter

- Mandler - 200 g rå
- Kakao - 3 spsk.
- Chokolade - 100 g naturlig

Fremgangsmåde

1. Udblød mandlerne i varmt vand, så de svulmer.
2. Skræl og riv et græskar og pres saften ud.
3. Lad tørre i 30 minutter ved 100°C.
4. Smelt chokoladen i en dobbelt kedel.
5. Dyp mandlerne heri og rul dem til sidst i kakao.
6. Lad de hjemmelavede slik ligge i bakken og server dem for dine gæster.

7. Chokolade fest mandler er lækre.

95. Rå slik til diabetikere

Nødvendige produkter

- Dadler - 300 gram udstenede
- Udtørret kokosnød
- Rosiner - 200 g
- Svesker - 150 g (udstenede)
- Kakao – selvfølgelig
- Rom - 1 tsk

Fremgangsmåde

1. Skær blommer og dadler. Tilsæt rosinerne og kom det hele i en blender. Purér indtil en klistret blanding er dannet.
2. Overfør til en skål og hæld rommen over.
3. Dæk skålen med husholdningsfilm og stil på køl i cirka 30 minutter.

4. Form slik af den afkølede masse og rul dem i udtørret kakao eller kokos.
5. Læg hver slik i en papirkapsel. Opbevares på et køligt sted.
6. Rå slik til diabetikere er klar.

96. Chokolade kokoskugler

Nødvendige produkter

- Kokosmel - 200 g
- Kondenseret mælk - 150 g
- mørk chokolade - 200 g
- Salt - efter behov

Fremgangsmåde

1. Kom kokosmelet i en dybere skål, tilsæt kondenseret mælk og en knivspids salt og bland godt.
2. Lad blandingen stå i køleskabet i 1 time. Form blandingen til kugler.

3. Smelt chokoladen i dampen. Gennembor kuglerne med en tandstik, og dyp derefter hver enkelt i chokolade.
4. Anret kokosslikerne i papirkurve og drys med lidt kokosmel.
5. Lad chokoladen og kokoskuglerne køle af inden servering.

97. Chokoladebolsjer med jordnødder

Nødvendige produkter

- jordnødder - 200 g malet
- sesamfrø - 150 g malet
- kokosnød - 40 g
- honning - spsk.
- mørk chokolade - 150 g
- mælkechokolade - 50 g

Fremgangsmåde

1. Bland de stødte jordnødder, stødt sesam og kokosmel og ælt med hænderne.
2. Hæld honning og fortsæt med at ælte med hænderne.

3. Del blandingen i flere kugler og stræk dem ud og form til lige store væger.
4. Smelt chokoladen og hæld over stængerne. Lad stå i 15 minutter.
5. Smelt mælkechokoladen og pynt på den mørke chokolade ved at hælde den i en lille plasticpose, skær den ene ende let og du får en slags pose.
6. Når de er faste, skæres de lækre chokolader.
7. Disse jordnøddechokolader er perfekte til enhver lejlighed.

98. Chokoladetrøffel med romsmag

Nødvendige produkter

- Mørk chokolade - 400 g stødt
- Konfektcreme - 200 ml til piskning
- Kakao - omkring 40 g
- Rom - 1 spsk. eller rom essens
- Instant kaffe - 1/2 tsk.

Fremgangsmåde

1. Hæld fløden på kogepladen, indtil der dannes bobler på opvaskens vægge (må ikke koge helt).
2. Kom den stødte chokolade, kaffe og rom i en dyb skål. Hæld den varme fløde ovenpå og lad det sidde i et par minutter, og rør

derefter rundt, indtil du får en homogen, skinnende blanding.

3. Lad det stivne i køleskabet (mindst 2 timer), og form derefter bolsjer på størrelse med dine hænder og rul dem i kakao.
4. Opbevares i køleskabet.
5. Chokoladetrøfler med romsmag er meget vellykkede.

99. Orange slik med kokos

Nødvendige produkter

- Appelsinjuice - 400 ml
- Majsstivelse - 50 g
- Kokosnød - 100 g

Fremgangsmåde

1. Pres 5 appelsiner og tilsæt sukker og stivelse til saften.
2. Rør godt rundt ved svag varme, indtil blandingen får konsistens som budding.
3. Smør forme med olie, hæld blandingen i dem. Vent 2-3 timer for at køle af.
4. Rul det færdige slik i kokosmel.
5. Appelsin og kokosbolsjer er klar.

100. Chokoladedonuts med probiotiske perler

Nødvendige produkter

- Hasselnødder - 80 g
- Dadler - 80 g
- Kakao - 15 g
- Kokosolie - 15 g
- Chokolade - 20 g + mere til pynt
- probiotiske perler - 10 g

Fremgangsmåde

1. Purér hasselnødderne og derefter dadlerne.
2. Smelt chokoladen i en dobbelt kedel.
3. Bland alle produkter uden perler i en plastikskål og bland godt.

4. Form den resulterende blanding til donuts ved at lave et hul i midten med et sugerør.
5. Pynt med den resterende chokolade og perler og lad chokoladedonutsene med probiotiske perler sætte sig i fryseren eller køleskabet.

KONKLUSION

Slik og hjemmelavede godbidder er fremragende gaveideer til lave omkostninger. Børn nyder at hjælpe med disse opskrifter, så I kan bruge kvalitetstid sammen.

www.ingramcontent.com/pod-product-compliance
Lightning Source LLC
Chambersburg PA
CBHW050026130526
44590CB00042B/1955